ⓒ사진촬영_ 이정서

정용화

나선형의 저녁

애지시선 052
나선형의 저녁

2013년 10월 25일 초판 1쇄 발행

지은이 정용화
펴낸이 윤영진
편 집 함순례
디자인 함광일 이경훈
홍 보 한천규
펴낸곳 도서출판 애지
등록 제 2005-5호
주소 300 -812 대전광역시 동구 삼성동 125-2 4층
전화 042 637 9942
팩스 042 635 9941
전자우편 ejiweb@hanmail.net

ⓒ정용화 2013
ISBN 978-89-92219-47-1   03810

* 저자와의 협의에 의해 인지를 생략합니다.
* 이 책 내용의 전부 또는 일부를 재사용하려면 저자와 애지 양측의
  동의를 받아야 합니다.
* 이 책은 2012년 서울문화재단에서 문예기금을 지원받았습니다.

나선형의 저녁

정용화 시집

□ 시인의 말

내 안에는
젖은 이름을 물고 새 한 마리 갇혀 있다

그 새가 풍경에 눈을 담그고 있는 동안
이름들에서 생겨난 간절함이 고요해질 때까지

이제, 젖은 날개를 꺼내
새 한 마리 허공으로 날려보낸다

2013년 가을
정용화

차례

시인의 말　005

제1부
간절기　013
거울 속 거미줄　014
불협화음　016
소리 수용소　017
유리창 속의 거울　018
작은 밤나무의 달　019
자물쇠　020
번짐꽃　022
계절병　024
코뿔새　025
터널이라는 계절　026
창문을 열어도 될까요　028
꽃들의 저녁은 누가 위로해주나　029
일식　030

제2부

집중의 힘 035
동피랑새 036
물이 자라는 이유 038
사소한 기별 040
식물성 오후 042
오후 4시의 말 044
인디안 썸머 045
추파秋波 046
이상한 새 048
딜레마 존 050
술잔과 술잔 사이 052
나선형의 저녁 054
인썸니아 056

제3부
마중 059
춤추는 식물 060
대성목욕탕 062
꽃무늬 벽지 064
겨울로부터 온 통증 066
버뮤다 068
나는 날마다 태양을 먹는다 070
선재도 071
오래된 靑春 072
연접의 방식으로 074
작설雀舌 075
사라진 바다 076
물여우 078

제4부

겨울로 걷는 나무　081
먼 곳이 아프다　082
마른 장마　084
가로수는 나이테를 만들지 않는다　086
눈, 길　088
허공뿌리　090
손톱새　092
소리가 익어간다　094
겹　096
그리움은 삭제되지 않는다　097
어두워지는 나무　098
빗방울은 먼 곳을 품고 있다　099
봄의 완성　100
만삭　102

해설 | 박남희　103

제1부

간절기

 불길한 음악이 스며든 문장에서 비가 흘러내린다 느린 리듬을 물고 철새들이 저녁을 이탈한다 빗속에서 겨울이 쓸쓸한 등을 보인다 등이란 온갖 진실의 피난처다 저렇듯 멀어져가는 등은 슬픈 제목이 달린 풍경이다 새의 이름을 하나씩 발음할 때마다 허공이 생겨나고 자란다 낯설지 않은 문장인데 나조차 나를 읽을 수 없다

 몸속으로 구름이 스며든다 간절기에 내리는 비는 내 몸이 잃어버린 문장이 흘리는 눈물이다 수평선을 너무 오래 읽어서일까 구름이 저녁을 끌고 오는 날이면 눈동자에서 바다 냄새가 난다 안녕을 전할 수 있는 이별이란 얼마나 다행인가 어떤 언어는 이 계절 밖에서는 잘 읽혀지지 않는다

거울 속 거미줄

덕천마을 재개발 지역을 지나다 보았다
반쯤 해체된 빈집 시멘트벽에 걸린
깨진 거울 속으로 하늘이 세들어 있었다
무너지려는 집을 얼마나 힘껏 모아쥐고 있었으면
거울 가득 저렇게 무수한 실금으로 짜여진
거미줄을 만들어 놓았을까
구름은 가던 길을 잃고 잠시 걸려들고
새들은 허공을 물고 날아든다
거미줄에 무심히 걸려있는 지붕 위
주인도 없이 해가 슬어놓은 고요를
나른한 오후가 갉아먹는다
간절함은 때로 균열을 만든다
한때 두 손 가득 무너지는 인연 하나
잔뜩 움켜쥐고 있었던 적이 있다
그럴 때마다 가느다란 손금이 조금씩 깊어졌다
심경心鏡, 마음을 들여다볼 때 마주치는 거울 속으로
손금이 흘러들어 무수한 실금을 남겼다

무너짐이야말로 더 큰 열림이기에
거울 속 거미줄은 어떤 것도 붙잡아 두지 않는다
균열은 어떤 부재를 품고 갈라진 틈 속마다
허기진 풍경을 흘려 넣는 것인가
나를 흘리고 온 날
서까래 같은 갈비뼈 사이로 종일 바람이 들이쳤다
그러고 보면 깨진 거울은 무너지는 것을
움켜쥐고 있던 집의 마음이었음을

불협화음

 당신 꽃도 피지 않는 곳에서 잘 지내는지, 그늘에서 자란 새들이 메마른 시간 저쪽 소식을 전할 때 상징화에 실패한 언어처럼 힘껏 흔들리고 나서야 당신이 바람이었음을, 모래바람 속을 속눈썹 길게 내리깔고 코 닫고 귀 막으며 저 멀리서 건너온 낙타였음을 안다 유목민들은 낙타에게 사람의 이름을 지어준다는데, 언어화되지 않은 것의 힘으로 소리는 리듬이 된다 시들지 않는 햇빛 속에 남아 있는 당신 이야기를 찾아내려 무턱대고 걷다 보면, 어미 따라 물 마시러 다니던 길 평생 기억하는 낙타 한 마리 만날 수 있을까 어긋남이 음악이 될 때 기다림이란 즐거운 불협화음이다 도돌이표가 있어 끝나지 않는 노래다 낙타를 이해하려면 사막에 대한 동경이 있어야 한다 사막 한가운데서 샘물을 찾아내면 가장 먼저 낙타에게 물 한 잔 귀하게 대접하고 싶다

 한 잔 만으로도 심장으로 스며들어
 가슴 저미게 하는 물 한 잔을 낙타인 당신에게

소리 수용소

 당신은 수평선을 구부려 제 몸을 만든 폐선, 낡은 창문마다 침묵이 번식한다 썰물로 빠져나갔다가 돌아오지 않는 기억들, 바다를 오래 담은 당신의 눈이 맑게 씻긴다

 갯벌에는 누가 묻어 두었던 귀인가 소라 껍데기들이 빛이 되기 전에 사라지는 소리들을 들으려 몸을 둥글게 말아 쥐고 있다

 도달할 귀가 있어야 소리는 소리가 된다 그러므로 침묵은 나오지 못한 소리들이 지어놓은 건축이다 당신 눈에 묻은 바다를 털어내면 둥글게 흐르다 멈춰버린 소리들이 수평선으로 흘러나온다

 수십 번의 물길을 밀어내고서야 비로소 분명해지는 당신, 왜 모든 이별은 부당하게 느껴지는가 오래전에 멈춰버린 레코드판처럼 당신 눈동자에는 탈출하지 못한 소리들이 산다

유리창 속의 겨울

 저물어가는 마음들이 모여 달빛이 되는 밤 짐작이 사실이 되는 자리마다 어둠이 빈틈없이 도착한다 쓸쓸한 계절을 떠받치고 있는 것이 수직이라고 말했을 때 너는 묵묵히 걷고 있었다 문을 열고 생각이 가 닿는 곳을 난간이라고 한다면 우리는 때로 수직의 결핍을 수평으로 채우려고 한다 속절없이라는 말의 내부로부터 어둠은 완성되고 구석진 곳에 몸을 누이면 오히려 마음이 편해졌다

 포기해버린 수수께끼처럼 귀를 열어 두어도 도착하지 못하는 소리들, 달빛이 난간을 기웃거릴 때 날카로움은 어둠 속에서 문득 솟아난다 저 난간은 얼마나 많은 수직을 품고 있었을까 너는 긴 겨울을 건너왔다 끝내 골목을 빠져나오지 못하는 발자국은 달빛으로도 쉽게 들키는 독한 허무, 네가 계단 끝을 서성일 때 소용없는 것들만 먼 곳으로부터 대답처럼 왔다

작은 밤나무의 달*

 괄호를 따라 간 적이 있었네. 무작정 푸른 미소가 좋아 쓸쓸한 등을 따라 갔었네. 나른한 오후가 잎사귀마다 햇빛을 저장하는 숲속이었네. 바람으로는 저 태양의 열기를 잠재울 수 없어 잠시 찾아드는 소나비 속에서 열매는 조용히 몸부림치고 있었네, 천둥이 올 때마다 조금씩 단맛이 스며들었네. 조금만 고개를 돌려도 괄호는 보이지 않았네. 어디에 있었을까, 손닿는 순간 날카롭게 찔리는 비밀들, 저 괄호 속에서 나는 처음부터 누락되어 있었는지도 모르네. 열매는 풍경의 소실점이어서, 우리가 읽어버린 나날은 조용히 진물을 흘리며 썩어가기 시작하네. 이제는 잔영으로만 남아있는 과거를 벗어나도 괄호는 여전히 붉게 물들고 있네. 무심코 흘린 말 속에 들어있는 진심을 찾아서 괄호를 따라간 적이 있었네.

 * 인디안 달력 중 9월

자물쇠

'자'와 '쇠' 사이에 갇힌 물
허공에 매달려 있다
<u>흐</u>르지도 떨어지지도 못하고
매정한 자와 견고한 쇠 사이에서
이도 저도 아닌 물

꼭 다물어진 입술, 열쇠가 없다

수문을 열어주면 기다렸다는 듯
콸콸 흘러내릴 물
호명되기만 하면 금방이라도
자와 쇠를 떨치고 줄줄 흘러나올 물

자물쇠가 있는 문 앞을 서성거려 본 사람은 안다
소문과 바람은 같은 뿌리에서 자란다는 것을
진실은 입술 속에 갇혀 있다는 것을

귀 막고 돌아서는 저녁을 불러놓고
그렁그렁 맺혀 떨어지지 못한 물방울은
외로움이 간절함 쪽으로 기우는 지점이다

망설임과 기다림의 경계에서
침묵만 키워내고 있는
저 가련한 물방울 하나

번짐꽃

책을 읽다가 물을 쏟았다
문장 사이를 서성이다가
그어놓은 밑줄들 속으로
물이 빠르게 스며들었다

물을 빨아들인 종이는
한때 나무였음을 기억하는지
책갈피마다 촘촘하던 결이 풀어진다
잃어버렸던 나이테를 찾느라
행간이 울퉁불퉁해지고 물관을 통해
밑줄들은 물을 먹고 더욱 선명해진다

흩어져있는 알록달록한 자국들
슬쩍, 건드리자
손등으로 줄기들이 뻗어온다
밑줄을 그어 가슴으로 옮겨놓았던
구절들까지 꽃피우려는지

발화되지 못한 글씨들이 꿈틀거린다

바람이 불고 햇빛이 다녀간 사이
느슨해진 책장을 비집고
울긋불긋 꽃들이 일제히 피어났다
꽃은 기억이 밀어올린 밑줄의 흔적이다
미처 뿌리내리지 못한 나무 한 권
문장들을 환하게 매달고 서 있다

계절병

 계절과 계절 사이에 틈이 있다 그 틈을 들여다보면 푸른 짐승 한 마리 살고 있다 당신이 내게로 올 수 없는 것은 그 짐승 때문이다 비늘이 다 떨어져 나간 손등이며 남루한 끝을 보아버린 고양이의 눈빛을 닮은, 내장에 푸른 독을 숨기고 반쪽만 남은 달의 뒤편을 고독하게 물고 있는 짐승, 단 한번의 응시만으로도 내 몸은 푸르게 물이 든다 어둠은 느린 발자국을 거느리고 견뎌온 풍경인데 계절과 계절 사이가, 멀다 하고 싶은 말과 해야 할 말 사이에서 당신의 원근법은 짐승의 발톱 같아서 상처 없이는 소통할 수 없다 시간이 잘 씻어놓은 달이 뜨고 통증이 또 한번 나를 부른다

코뿔새*

 외로울 때는 시간이 범람한다 너를 기다리다 지칠 때면 한 마리 새가 되는 시간, 변명을 찾을 수 없는 지점에서 부리가 자란다 기웃거리다가 흐트러지는 것이 세월을 견디는 방식이라면 고독만큼 끔찍한 질병이 또 있을까 겉장이 찢겨나간 일기장처럼 기억의 속살이 너를 부를 때 심장 근처가 아프다 사랑이란 자신의 심장을 향해 자라는 부리 하나 키우는 일이었다

---

*코뿔새 : 아프리카에 사는 머리에 뿔 달린 새. 부리가 심장을 향해 자라다가 점점 길어져 더 이상 먹이를 먹을 수 없을 때 자신의 심장을 쪼아 먹다가 마침내 죽음에 이른다.

터널이라는 계절

그곳에 터널이 있다
늦가을과 초겨울 사이에

바람이 저지른 일을
계절이 이해하는 과정에서
가끔씩 터널이 몸을 뒤척인다
내 쓸쓸함과 너의 어둠이
조도를 맞추는 동안
눈빛은 이미 겨울 쪽으로 기운다

바람에 떨어지는 나뭇잎도
잘못 걸려온 전화도
반송되어 돌아온 편지조차도
내게로 오는 것이면 무엇이든 반가웠다
주머니가 없는 옷 속에서
수없이 자라나는 촉수들

비어 있는 곳의 안쪽은 늘 어둡다
입구에 들어서면 캄캄하지만
그곳에도 빛이 있음을 알게 된다
어둠의 힘으로 희미해지는
서로를 끌어당긴다

웅크리는 것으로 계절을 통과하고 나면
시리게 쏟아지는 빛으로
왈칵 눈이 부신 봄이다

헤어짐의 방식으로
나는 비로소 당신에게 도착한다

창문을 열어도 될까요

 이별을 할 때마다 다리가 길어진다. 꽃 진 자리를 두드리다 바람은 돌아가고 봄은 죽은 고양이의 발톱 끝에서 자란다. 봄의 요구에 바람은 나무 속에서 꽃을 찾아내느라 분주한 날. 햇빛이 하는 말을 호수는 물비늘로 꼼꼼히 받아 적는다. 아직 누군가의 입술에 닿지 못한 키스처럼 정답을 갖고 있는 너의 언저리를 나의 말이 사라짐의 방식으로 맴돌듯, 구름은 호수 위에 그림자를 잠시 드리우고 호수는 그림자를 비추되 구름을 잡지 못한다. 시간에 떠밀려 가는 것들 속에서 건져 올린 젖은 노래가 어디쯤 닿아야 구름은 비를 놓아줄 것인가. 봄이 와도 봄인 줄 모르는 고양이를 외면한 채 창문을 열어도 될까요, 또 한 계절이 나를 관통하여 지나간다. 사소한 유치함이 나를 가장 아프게 할 때, 방치했던 상처가 발톱 끝에서 푸르게 빛난다. 바람이 나를 길들이는 시간, 이젠

꽃들의 저녁은 누가 위로해주나

저녁은 어디서 오는가, 바뀐 주소를 들고 서성이던 골목, 비에 젖은 오후가 목련나무 밑까지 떠밀려왔다 담장들은 행간마다 붉은 말들을 받아 적고 난간을 아슬아슬하게 읽고 있는 고양이, 헬멧도 쓰지 않은 한 사내가 오토바이를 타고 모퉁이를 급하게 빠져 나간다 툭! 아름다움을 감탄할 틈을 주지 않는 목련, 그 사이로 망설임이 하루를 시들게 한다 은유도 상징도 되지 못한 문장이 저녁으로 오고 봄의 문체로 내리는 빗소리에 마음부터 젖는 꽃들은 누가 위로해주나 골목마다 검은 글씨들이 당도한다 다 읽기도 전에 꽃들은 빠르게 시들고 의미만이 잠시 빛난다 어둠이 남아 풍경을 지우느라 분주하다

일식

먼 길을 떠나려는 사람은
눈빛 먼저 떠난다

눈빛이 풍경이라면
품고 있는 허공에 안개가 드리운다

당신의 동공 속을 뒤져
잊어버린 나를 찾아내는 날이 많아졌다

다가오지 않는 목소리가
그리움을 만들어낼 때
이별이란 스스로 깊어가는 시차를
구름의 언어로 기록하는 일

거실 유리창에 겹쳐있는 풍경으로
바닥을 견디고 있는 잔설을 읽는다

죽은 비둘기 위로 서서히 다가오는 그림자
분노가 숙성되어 물렁물렁해지기까지
너를 건너서 물빛 그늘로 당도한 저녁

오랜 울음 끝에 스며드는 잠처럼
서투른 입술과 화해하지 못한
눈빛이 하나의 풍경이라면

제2부

집중의 힘

 알고 보면, 꽃은 계절이 불러 모은 허공이다. 지상을 향한 땅의 집중이다. 흩어지는 것이 거부의 형식이라면 피워내는 것은 침묵을 견디낸 모서리의 힘이다. 폭우가 쏟아지고 바람이 세차게 부는 날 나무는 뿌리로 땅 속을 힘껏 움켜쥔다. 빛으로 맺힌 시간, 꽃은 어둠 속에서 별이 떨어뜨린 혁명이다. 나뭇가지에 앉아 있던 새들이 하늘로 날아오를 때 날개에 집중한다. 나무는 얼마나 많은 새들의 울음을 간직하고 있을까, 온몸이 귀가 되어 집중할 때 그 소리는 한 점으로 고인다. 때로는 어긋난 대답처럼 꽃 떨군 잎새 뒤에 숨어서 가을은 열매에 집중한다. 알고 보면, 열매는 화려한 기억들을 끌어 모아 가을을 짧게 요약한다.

 집중 없이 피어나는 꽃은 없다
 너는 우주의 집중으로 피워낸 꽃이다

동피랑새

통영의 바닷가 마을 동피랑*
지친 하루를 위로하려 어둠이 오고 있다
마을 초입, 어디서 날아든 새일까
담벼락에 머리도 몸통도 없이
커다란 날개 두 쪽만 활짝 펼쳐져 있다
지나던 사람들 그 날개에 등을 맞춰본다
바람도 이곳에서 잠시 주춤거린다
나무의 몸을 빌려 날개 사이로 슬쩍
머리를 밀어 넣고 있는 노을
자신의 몸을 비우고 날개만 남았기에
모두를 날게 할 수 있는 것일까
너도 나도 한번쯤 등을 대보는 사이
어깻죽지가 사뭇 간지러운 담벼락은
허공의 무게를 벗고 조금씩
바닷가 쪽으로 몸을 기울인다
저 담벼락은 어디를 날고 싶은 것일까
새를 받아들인 담벼락은 스스로 새가 된다

밤이 되면 수평선이 놓쳐버린 썰물의
아직 끝나지 않은 이야기를 들으러
저 동피랑새 비상을 꿈꾸고 있다

* 동피랑 : 통영의 재개발 지역으로 화가들이 담장마다 벽화를 그려 넣어 유명해진 마을

물이 자라는 이유

겨울을 거울로만 읽지 않았어도
꽃은 피어나지 않았을 것이다
먼 나라 소식을 전하듯 가물가물 하나의
반짝임으로 빛나는 물방울을 보지 않았어도
봄을 읽지 못했을 것이다
거울 속에서 부서지고 깨어지는 것으로
나를 증명해 보이고 싶었던 나날들
아무리 길게 손 뻗어도 닿을 수 없는
깊은 곳에서 붉게 흐르는 상처의 내력들
가까이 다가온 적도 없지만
멀어져가는 너에게 가는 길은
꽃에게 물을 수밖에 없다
무엇도 끼어들 여지가 없는 단단함 속에서
그늘이 그늘을 끌어안고 어둠으로 자라듯
얼었던 마음이 물방울로 풀리면서 서둘러 꽃을 피운다
난간 위 물방울이 아슬아슬하다
거울에서 겨울이 그리고 봄이 벗어나와

가지마다 맺혀있던 하나의 반짝임이
봄을 위로하기 위해 꽃으로 피어난다

사소한 기별

 서둘러 오던 버스가 저녁에 당도하는 시간 너라는 시공 속에서 나를 잊은 뒤 사소한 기별에도 속수무책 요약되는 일 처음은 아니었다 어쩌다 오지 않는 것들을 따라 여기까지 왔는지, 시작과 끝 사이에서 망설이는 나는 여전히 부재중이다

 내가 늘 소망하는 것은 누군가 잊어버리고 잃어버린 줄조차 모르는 미래의 조각들 꽃이 피어도 오지 않는 봄의 비밀, 오래도록 미루어온 해명을 하기 위해 어두워질 때마다 모서리를 하나씩 잃어간다

 주머니에서 문득 잃어버렸던 너를 꺼낸다 다정함을 잃은 구름이 흘러가다 삭제되는 아득함, 그러나 바람이 아니고서야 어찌 찢어진 날개를 이야기 할 수 있을까 계절을 건너는 동안, 빗속에서도 젖지 않는 것은 소리뿐

 밤이 낮을 덮어 감싼다 어둠의 형식은 길고 단조로워서

열정도 번민도 다만 온순해지고 너무 늦어버린 것인지 너의 무관심이 오래 나를 응시하는 오늘, 이제 너는 종결어미 하나로 지워지는 문장이다

식물성 오후

걷지 않는 발은 뿌리가 된다

버스를 타려고 언덕을 내려갈 때면
지팡이 하나에 의지한 채
힘겹게 서 있는 노인을 만날 수 있다
꽃도 다 시들어버린 목련나무 옆에서
수직으로 내리는 햇살을 온몸으로 받고 있다

오래 걸어왔던 걸음이 제 그림자에 갇혀 있다

분주함도 사라지고 야성적 본능이
식물성으로 순해지는 시간
미련이 없으면 저항도 없다

조금씩 땅 속으로 스며들고 있는 그 노인
물끄러미 행인들을 바라보고 있다
저 무심함이 품고 있는 견고한 내력들

나 한때 저 목련나무의 꽃으로 핀 적이 있다

나무가 되어가는 노인과
죽어야 비로소 걷는 나무가
한 몸이 되어있는

오후 4시의 말

 모서리가 깎여 둥글둥글해진, 그 말 속에 손을 넣어보면 흐르는 시간에 구르고 굴러 날카로움 다 버린 조약돌 하나 만져진다 사람들 가슴으로 스며들고 싶어 끊임없이 육지의 발목을 적시며 파도로 사는 말, 구차한 변명보다 적절한 침묵 같은, 어느 틈엔가 몸을 밀어 넣고 있다가 밝음과 어둠의 경계에서 서성이다가 흘러가 버리는 말들, 무엇을 하기에는 늦고 포기하기에는 빠른, 아직 내게로 오직 않은 생이 있어 젖은 발로 노을빛 물드는 저녁으로 돌아가야 하는 말, 햇빛의 온기가 남아있는 조약돌이 되어 온갖 뾰족한 것들의 이마를 다독여 주고 있다

인디안 썸머

 손이 닿지 않는 곳이 가려울 때는 먼 곳에서 누군가 울고 있는 것 같다 한낮의 무료함 속에 여름이 서식중이다 그리워하지 않는 것도 죄라고 집념에 차서 울고 있는 매미 그 간절함과 쓸쓸함 사이, 서늘함을 품고 내 마음의 언저리를 맴돌고 있는 당신, 철 지난 옷의 구멍 난 주머니처럼 차가워지는 것들은 뜨거웠던 한때를 기억한다 돌아서기 전 짧게 나눈 포옹처럼, 이별을 말하는 입술에 남아있는 키스처럼 여름이 떨구고 간 기억이 시들지 않고 있다 그대라는 말 속에 아직 남아있는 마음의 온도차

추파秋波

가을은 단풍을 꺼내놓고
바람을 길들인다

모든 풍경이 겨울 속으로 사라지기 전
가을이 세상을 향해 힘껏 던진 추파에
은행나무는 저 혼자 노랗게 타오르고
감나무에 주렁주렁 달린 감들을
돋보이게 하려고 하늘은 더욱 푸르게 물든다

호소의 힘은 늘 언어 밖에 있어
말없이 하늘의 소매 끝을 붉게 물들이는
저 커다란 홍시 하나

여름에 푸른 감이 떫지 않으면
가을 끝자락에 홍시로 익어갈 수 있겠는가

가을은

마음대로 다정했다가
함부로 냉정한 그대를 닮아있다
이것이 내가 가을이라고 쓰는 까닭이다

겨울이 오기 전에
한번의 눈길에도
둥글고 붉게 물드는
가을 물결(秋波)로 출렁이고 싶다

이상한 새

밤에만 날아다니는 새가 있다
내가 잠을 이루지 못하는 것은
바로 그 새 때문이다
저벅 저벅 걷다가 때론 울다가
훌쩍 날아다니기도 한다 비밀을 하나씩
들킬 때마다 새의 날개는 점점 견고해진다
기억나지 않는 기억 사이를
이미 지나간 내일과 아직 오지 않은
어제 사이를 날아다닌다
끝내 시가 되지 못한 시어들만 물어다 놓고
숫자도 없는 시계 속에서 붉은 부리로
밤새 소리도 없이 시간을 쪼아댄다
관념들이 생각에 생각을 물고
그 새의 꼬리가 길어져 간다
밤새,
열리지 않는 눈꺼풀을 기웃거리다가
아침이면 깃털 하나 남기지 않고

새는 보이지 않는다 다만
내 머리카락 속에 새집만 덩그러니 지어져 있다
저 엉성한 둥지 하나 만들려고
밤새도록 잠 속을 헤집고 다녔나 보다

딜레마 존

교차로 직전
황색 신호등에서 망설인다
신호등은 적절하거나 적절하지 않다

구름은 미처 감추지 못한 마음인지
이대로 달리다가
여름의 소멸지점에서 아직 붉게 피어있는
당신을 만난다면 말을 건네 볼까, 말까

저녁이 되기 직전의 오후, 겨우
존재하는 한웅큼의 시간을 건딘다
붉은 신호도 푸른 신호도
가는 길을 알려주지 않는다

스며들고 흩어지는 것은
뜨거운 것들의 속성인지
당신이라는 주어가 빠진 문장은

이 길 위에서 자꾸만 오독되고
속도는 타협적이거나 타협적이지 않다

표정들이 황색 신호로 깜빡일 때
계속 달려야 할까, 멈출까
교차로에서 또 다시 망설인다

술잔과 술잔 사이

 술을 마실 때에는 바다가 걸어 나온다 눈을 감지 못하는 물고기들이 헤엄친다 누가 풀어놓은 매듭일까 봄과 여름, 그 양 끝에 길게 매놓은 수평선 아래 부리가 짧은 새들이 술잔 속 안부를 묻는다

한 잔과 두 잔 사이

 모음을 자음으로 바꾸기 위해 새들이 날아간다 여유로 남아있는 마침표 하나, 태양은 하루 끝에서 아직 싱싱하다 가장 뜨거운 순간에 투명하게 식어버린 술잔 속 눈동자에는 노을, 그 붉은 울음을 달래기 위해 어둠이 오고 있다

두 잔과 한 병 사이

 파도는 잘 삭혀진 슬픔을 필사하느라 연신 펄럭이고 있다 갯벌은 수차례 스치고 부딪치며 사라져 간 이름들을 묻는다 이제는 다 타버려 움푹 패인 당신의 발자국을 바라보는 일은 빛에 익숙해진 눈으로 누군가의 어둠을 이해

하는 일이다

두 병과 세 병 사이

수평선의 길이는 침묵에 비례한다 비틀거리다 부딪힌 낡은 모서리가 아픔보다 서러움에 가까울 때 깜빡거리는 불빛은 현실과 멀어진다 속도를 버린 시간, 비로소 허공이 가득 찬다 가지고 있던 노래가 다 새어나간 조개처럼

나선형의 저녁

아침이 달려드는 것이라면
저녁은 천천히 스며드는 것이다

하루가 다 지난 공원에
의자가 둥글어질 때까지
오래도록 웅크리고 앉아 있었다
눅눅해진 소리들이 내게로 흘러들어온다

길 위에 낙엽들이 뒹군다
몸이 놓쳐버린 마음일까
제대로 푸르러 보지도 못했던 고백들
황홀하게 침식하는 방식으로
슬픔도 오래되면 권태를 닮아간다

다독일수록 어긋나는 것들이 있다
어둠 속에서 딱딱하게 굳어가는 더듬이로
우리는 무엇을 해석해낼 수 있을까

쉽게 건널 수 있는 마지막은 없다
나선형의 길 끝에 심장 하나 묻어두고
기억만 남아있는 저녁이
어둠 속으로 천천히 번져가고 있다

인썸니아

나는 나를 필요로 한다

너를 보낸 밤, 혀를 주머니에 넣고 걷는다 지켜지지 않는 약속들은 어디쯤 모여 내일을 모의하는가 발화되지 못한 언어들이 가벼워진 잠을 수면 위로 띄워놓는다 꿈은 서쪽을 향해 자라고 익명의 중언자처럼 달빛은 허술한 공간을 거느리고 내게로 온다 오래된 사랑이란 서로의 입가에 묻어있는 그늘을 닦아주는 일이었다 모든 문장은 한곳으로 흘러가고 모서리가 깎인 생각들이 방향을 잃는다 너는 어둠으로 달빛을 보내오고 모두 주었는데 돌아오지 않는 마음들의 안부가 궁금하다 신호등이 바뀌어도 그림자는 돌아오지 않는다

제3부

마중

어디쯤 오고 있을까

추운 거리에서 기다리는 동안
울긋불긋 온갖 꽃들과 함께
네가 왔다

그러고 보니 이제야 알겠다

봄은 이렇게 꽃단장 하고
나비를 앞세워 오느라 늦었던 것을

춤추는 식물

연신내 문병 간 병실에서 노시인을 만났다
그가 꺼내놓는 모든 소리의 끝이 젖어있다
식물인간으로 누워있는 아내는
화려하지도 않고 향기도 없는 무초를 닮아 있었다
어쩌다가 아내는 그림자를 몸속으로 끌어들여
식물의 시간을 견디고 있는 것일까
한곳에 뿌리내린 식물처럼
침대를 떠나본 적 없는 그녀의 입속에는
미처 세상으로 나오지 못한 말들이 갇혀있을 것이다
자신의 이야기가 멈춰버린 눈동자 속에는
야생을 밀어내고 순해진 세월만 담겨있다
먼 곳을 응시하는 눈빛이 천진해서 오히려 눈부시다
노시인은 하루도 빠짐없이 음악을 들려주고
사랑의 시를 지어 귀에 심은지 팔 년 만에
오늘 처음으로 손가락이 움직이고
아주 잠깐이지만 눈을 맞추었다고
그의 눈에도 오래된 슬픔이 반짝 빛났다

소리를 들려주면 이파리가 춤을 춘다는 무초처럼
식물이 온 힘으로 밀어올린 그 작은 움직임이
어떤 간절함 속에서는 춤으로 피어난다
어둠을 적시며 비가 내린다
이름을 잃어버린 그림자 속에서
야생이 우는 계절이면 춤추는 이파리 사이로
환한 무초꽃이 피어날 것이다

대성목욕탕

일주일에 한번 대성목욕탕에 간다

재개발에 밀려 더 이상 수리를 하지 않는다는
그곳은 40년의 세월을 품고 있다
몇 개 되지 않는 수도꼭지는 반쯤 고장나 있고
문을 열 때마다 삐걱대는 옷장들

한쪽 구석에는 먼지 쌓인 공중전화
우두커니 놓여있다

무심코 들여다보니
기울어진 전화기 밑에 얇은 책 한 권
'흔들리는 것은 바람보다 약하다'
나한테도 없는 내 첫 시집이다

몇 해 전인가 틈틈이 독서를 하는
때밀이 아줌마에게 쑥스럽게 건네준 것 같은데

용케도 지금까지 남아
있어야 할 장소도, 독자도 잊은 채
낡아가는 것의 다리가 되어주고 있다

더 이상 흔들리지 말라고
묵직한 시간을 잘 버텨주라고
아줌마가 때를 밀고 있는 사이
서둘러 대성목욕탕을 나오는데

노을이 기울어가는 하루를 붉게 받쳐주고 있다

꽃무늬 벽지

꽃 한번 내고 시들어 버린 봄날
시골집에 갔다
어머니는 밭일 나가 보이지 않고
안방에는 사방으로 일정하게 피어있는
꽃무늬 벽지

몇 번의 봄이 피고 지는 동안
씨방은 할 일을 잊었고
가지에는 더 이상 새순이 돋지 않는다
화사하게 피어 있어도 벌 나비가 찾지 않는
벽 속의 꽃무늬가 퇴화된 기억을 호출한다

어릴 적 술 취한 아버지 자전거 뒤에
목단꽃처럼 붉은 여자가 딸려왔고
아버지는 날마다 온통 붉게 꽃물이 들어갔다
어머니는 집을 떠나버렸고 어린 나는
그 여자와 나란히 앉아 쇠죽을 끓이고

두리반에 마주앉아 저녁밥을 먹으면
문득 들려오던 물빛 종소리

오래도록 고독한 세월과 싸우며
어머니의 청춘은 조금씩 낡아지고
이제는 비바람에 젖지 않는 견고한 마음으로
벽 속에서 피고 있는 꽃
꽃자국이 희미해져간다

어머니는 가끔 주문을 외며
꽃무늬 벽지 속으로 들어가신다
그때마다 들리던 결 고운 종소리에
잠시 꽃들이 일제히 시든다

겨울로부터 온 통증

통증이 기억하는 계절이 있다
빙판길에 넘어져 허리를 다친 어머니는
매년 이맘때면
몸속에 기록해 놓은 겨울을 찾아내신다
삼 년 전 아버지를 먼 곳으로 보내고
반쯤은 허공으로 늙어가는 노모와
허름한 칼국수 집에 마주앉았다
가난한 시절 물리도록 먹은 밀가루 음식이
싫다면서 웬 칼국수냐는 핀잔에도
말없이 국물만 들이키고 계셨다
언제부터 어머니의 온몸은 겨울이 되었을까
구석구석 안 아픈 데가 없다고
불어터진 국수가닥마냥 무심히 들었던 그 소리가
사실은 누군가를 부르는 말의 내부에서
흘러나왔다는 것을 나중에야 알았다
통증이란
몸이 가장 절실한 언어로 표현하는 외로움이다

계산을 하고 나오는데 주인아주머니가
어머니의 두 손을 잡아주며 뭔가 쥐어주고 있었다
몸 안으로 흘러든 통증 때문에
자꾸 겨울 쪽으로 기울어지고 있던
어머니의 얼굴이 함박눈처럼 환하다
겨울만 남아있는 어머니
평소 좋아하던 음식 다 마다하고
자꾸 이 칼국수 집으로 오게 한 것은
화투 밑천 하라고 주인아주머니가
손에 쥐어준 백 원짜리 동전 다섯 개의 힘이었다

버뮤다*

모든 풍경이 어둠에게 바쳐진다
당신을 점령하려다
수없이 내가 부서진다

허공을 가진 것들은 때로 얼마나 매혹적인가
당신 심장 근처에도 블랙홀이 있을지 몰라
무엇이든 빨아들이는 당신의 허공

온기를 잃은 언어와 침묵 사이
어설픈 친절이 준 상처들 속에서
바래어가는 그늘을 힘껏 휘저으면

아무리 휘저어도 가라앉지 못하고
수면 위로 떠오르는 불안의 조각들

파도와 침묵으로 대화하는 밤,
조금씩 내게로 스며든 당신의 허공에서

거품들이 피어난다

다 부서진 빈 배 한 척으로 돌아오더라도
가 닿을 수 없어 차마 지울 수 없는

* 버뮤다 : 바다를 항해하다 보면 시간과 공간까지도 왜곡시
켜 수많은 배와 선원 하물며 비행기까지 빨아들인다는 북대
서양의 삼각지대

나는 날마다 태양을 먹는다

 나는 날마다 태양을 먹는다 시간과 시간의 틈새에서 가을이 새어 나온다 때론 거짓이 누군가의 진실보다 붉은 피를 흘릴 때 순두부 속에 빠져있는 태양을 먹는다 가을은 산골짜기와 아파트 건너편 공원에도 꽃들을 공급한다 어떤 날은 화합이라는 언어에 의해 저질러지는 폭력을 이야기할 때 비빔밥 위에 이제 막 떠오른 태양을 먹는다 가난과 상처는 왜 그렇게 쉽게 읽혀지는가

 오늘도 태양을 먹는다 양초 위에 흔들리면서도 중심을 잃지 않고 타오르는 촛불처럼 정오에 박혀있는 뜨거운 태양을, 잘 달궈진 후라이팬에 알맞게 익어가는 구름 속에서도 쉽게 경계를 풀지 않는 태양을, 먹는다 열매는 기를 쓰고 가을을 증명해내고 밤이면 태양 몇 개를 깨뜨려 슬픔으로 잘 휘저어 보글보글 끓이면 술잔 속으로 태양들이 사라진다 어둠이 삼킨 태양이 아침마다 내 몸속에서 환히 떠오른다

선재도

  이곳은 공소시효 지난 문장 사이로 밀물이 드는 곳 보지 못한 풍경도 그리워진다 모래 위에 흩어져있는 조개껍데기는 파도에도 녹슬지 않는 추억으로 읽히고 나비가 앉았다 가는 곳은 모두 꽃이 되는 이곳, 언어로 표현되지 않은 고백은 온전히 나만의 것이다 조개구이는 혼자 서럽게 익어가고 아무리 펄럭여도 날지 못하는 현수막, 소식 없는 것들의 아직 식지 않은 온도에 대해, 살짝 들려진 것들이 부르는 아득함에 대해, 어둠 속으로 도망치는 풍경들, 새들이 저녁을 물어다놓고 낮게 운다 그러니 비오고 바람 부는 날 절대로 이곳에 혼자 오지 마세요

오래된 靑春

거실 한켠에 미처 치우지 못한
낡은 선풍기 한 대

툭, 조금만 건드려도 삐거덕 삐거덕
관절마다 소리만 요란하다
세월에 고개숙일 수밖에 없다는 듯
적절한 변명 하나 찾지 못하고
풀죽은 얼굴로 바닥만 쳐다본다

한때 이 방 저 방, 돌아다니며
수없이 바람을 피워대던 탄탄한 몸
나 한때 가슴까지 열어젖히고
온몸으로 그 푸르름을 느끼며 지냈다
연신 바람을 가르던 날갯짓
몸틈새를 비집고 빠져나오는
잘게 찢긴 바람에 쉽사리 완성되지 않는
빛나는 노래를 꿈꾼 적 있다

오래된 것들은
왜 하나같이 고개를 숙이는 걸까

아직도 바람이 고여 있는 날개로
거실 구석에 그가 웅크리고 앉아 있다

연접의 방식으로

이름이 간절해질 때 꽃들이 피어난다

햇살을 끌어당겨 시든 꽃의 언어를 읽는 시간은 짧다

저무는 것들 속에서 느릿한 리듬 하나 꺼내어 놓는다

들리지 않는 소리 하나 내게로 전달되고서야

기다림은 어느 목숨에나 서식한다는 것을 알았다

하나의 비밀도 갖지 못한 사람이 되어

외로운 살을 더듬으면 고여 있던 향기가 묻어난다

저 고요는 어떤 허공을 품고 있는지

네가 오지 않는 공터에는 어떤 꽃들이 피고 있을까

오래 머물지 말라고 길은 인간의 뒤쪽으로만 생겨난다

작설雀舌

 언젯적 찻잎인가요, 차 한 잔 마시고 나니 겨울의 끝자락이 보입니다 저만치라는 거리를 소멸시키고 새 한 마리 날아옵니다 숨기고 덮어둘수록 명징해지는 것들 내 환부를 가리고 외로운 사람들의 가시를 어루만지던 날들이 많았습니다 적요함의 뒤편에서 맹렬하게 자라나는 분노들 마음의 오지를 떠돌던 언어들과 오래전에 말라버린 기억들이 향기로 되살아납니다 향기에도 이음새가 있다면 온갖 매듭 풀린 맛이어서 숨겨놓은 미세한 결마저 흩어진 듯 쓸데없는 초록이 되었습니다 그러니 어쩔까요, 미처 드러내지 못한 향을 지닌 채 안으로 말라가다가 결국 이름을 놓아버린 겨울을, 한줄기 따스한 마주침으로 맥없이 풀어져 버린 초록과 쓸모없는 가시들도 모두 껴안아 덮을까요 이런 질문 앞에서는 도무지 소용이 없습니다 아무리 작고 아름다운 새의 혀(雀舌)라 해도

사라진 바다

달빛을 받아 반짝이는 물의 끝자락을 잡고
호수인 줄 짐작했었다

새벽녘
호수, 바닥을 드러낸 그 마른 살갗
물이 빠져나가고서야 바다라는 걸 알았다

파도도 없이 바다는 밤새 어디로 간 것일까
잠시 빛나자고 모아두었던 인연의 조각들
바다를 담고 있기에 버거웠는지
생채기처럼 흩어져 갯벌을 건디고 있다

물결이 물결을 밀어내면서
아가미를 더듬어 찾아낸 언어로는
떠난 사람을 향한 좌표가 되지 못해
점차 희미해지는 테두리를 갖게 된다

너무 커서 보이지 않는 것들이 있다
잃어버리고서야 깨닫게 되는 아름다움이 있다
마지막 순간에 비로소 진실처럼
겨울은 언제나 예감보다 먼저 찾아온다

지나간 자리마다 그늘을 기록해 두고
바다는 돌아오지 않았다
나에게는 아직 천 개의 눈동자가 더 필요하다

물여우

 봄을 품은 강물이 맑아서 당신 눈빛을 닮았다 물 위에 햇살을 빼곡히 기록해 놓으면 누구의 간섭도 받지 않고 나비가 그 사연을 읽으며 날아간다 날개마다 새겨진 물무늬를 배경으로 접었다 펼쳐지는 문장들 허물을 벗어놓은 언어들이 푸르게 젖어든다

 봄이 기억해준 이름들이 지상에 꽃 피울 때 몸속에 우기가 들면 입안에 모래를 가득 물고 당신에게 가는 꿈을 꾼다 물결 위를 떠돌며 더듬이만 키운 탓일까 울음조차 웃음으로 기록되는 날들 물결을 해독하려 수없이 출렁이는 눈동자들은 전생에 내가 슬어놓은 기억이다

 문장 속에 번식하는 침묵을 지워가다 보면 강 속으로 흘러드는 그림자들, 몸속으로 바람을 끌어들인 자들은 모두 저녁이 된다 저 나비들은 강이 건네는 젖은 말을 알아들었을까 물속에 빠뜨린 풍경 속에서 푸른 종소리가 들린다면 아직은 봄이 남아있는 것이다

제4부

겨울로 걷는 나무

그리움이 보편성을 얻을 때 가을은 잎사귀마다 붉게 수렴된다. 나무는 쥐고 있던 응어리를 내려놓고 서둘러 떠날 채비를 한다. 나무는 새들을 끌고 떠남과 도착의 경계로 이동 중이다.

떠나지도 않았는데 자꾸 되돌아오는 것은
고독한 자의 어법이다.

바람이 풍경을 운반한다. 시간은 거침없이 흘러가지만 속도는 보이지 않는다. 충분히 미워하지도 못했는데 모든 것을 용서하라고 가장 먼저 겨울 초입에 도착한 나무를 따라 모든 풍경이 겨울을 향해 이동 중이다.

먼 곳이 아프다

아프다는 소식이 왔다
버스로도 기차로도 갈 수 없는 먼 곳인데
바람에 묻혀버린 마을을 지나
투명하게 도착했다

하류를 향해 소용돌이치는 강물처럼
수없이 부서지면서도 하루 종일
바위를 때리는 파도를 지니고 내게로 왔다

앉았다 떠난 자리가 녹아들고 번지고
다시 얼어붙어 반짝이는 빙판이 되기까지
너는 한때 내 속에서 불던 바람이 아니었을까
손이 닿지 않는 곳은 나에게서 가장 먼 이국이다

허공을 견디는 것들이 먼 곳을 완성한다
그래서 먼 곳은 쓸쓸함을 동반한다
아련해지는 것도

다 먼 곳이 저지른 비밀스런 풍경이다

오랜 세월 함께 한, 그러나
아무리 손 뻗어도 닿을 수 없는
등 뒤에 외진 마을
그 먼 곳에서 아프다는 소식이 왔다

마른 장마

　며칠째 비가 오지 않는데도
　바람은 아파트 베란다에 서정적으로 불어온다
　지상의 밝은 빛을 달고 반짝이는 푸른 이파리
　만개한 꽃잎, 플라스틱 나무 한 그루

　어쩌자고, 여든의 어머니가 자꾸 물을 주신다 손등에는 물기를 잃어가는 시간의 검은 발자국, 무심코 던진 질문에 사유도 없이 도달한 결론처럼 물관도 체관도 없이 최선을 다해 푸르고 있는, 그 나무는 플라스틱이라구요, 그래도 왠지 꽃 같다며 물을 주는 어머니, 플라스틱 나무에 새싹이 돋는 간절함으로 어머니 갈라진 가슴 속에는 아직 더 피워내야 할 꽃이 살고 있나보다 건조하다는 것은 가슴 속에 균열 하나씩 새기는 것이다 시들지 않고 오랜 시간 견뎌주는 꽃, 그 깊고 오래된 침묵이 우듬지까지 닿아 있는 모성의 힘이다

　어머니, 이제 그만 저녁 드셔야지요

베란다 쪽으로 언뜻 고개를 돌려보니
어느새 액자 속으로 걸어 들어가
환하게 웃고 계신 어머니
그 시들지 않는 웃음소리가 납작하다

가로수는 나이테를 만들지 않는다

나무들의 생을 기록하기 위해
얼마 남지않은 가을이 분주하다
가로수가 줄지어 보도블럭을 걷고 있는 대로변
오후 세시가 햇살 쪽으로 가지를 펴는 사이
노인이 길을 건너고 있다
속도가 범람하는 4차선 도로를
아슬아슬하게 느린 문장 하나 밀고 간다
생은 몇 마디로 요약될 수 없는 것이어서
길게 써내려간 편지 끝에 추신처럼
검은 비닐봉지 하나 간신히 매달려 있다
아직 더 읽어야 할 사연이 있는지 잠시 주춤거린다
더듬더듬 발끝으로 세상을 읽고 있다
여기 저기 살피지 않고 들리지 않아야
저렇게 앞만 보고 갈 수 있는가 보다
저 고요 속에는 어떤 경적소리도
속도도 끼어들 여지가 없다
조마조마한 풍경을 지켜보느라

가로수는 새소리 하나 키우지 못한다
속내를 자세히 읽어보면 온통 검은 문장이다

눈, 길

12월이 폭설 속에 갇혔다
그건 고요와 가깝다는 말

겨울이 순순히 꺼내놓는 눈송이들이
지상의 길 위에 하얗게 쌓여갈 때
'눈길'이라는 말 속에 묻어있는 체온

눈길은 사람에게로 흐르는 것이어서
어떤 언어들보다 먼저 도착한다

당신이 낸 눈길에서 머물다 떠난 자리가
눈의 언어를 빌려 낸 하얀 길
그래서 눈길을 받는다는 것은
이처럼 눈부신 일이다

눈이 길을 놓아주는 것이란
서로에게 흐르는 일

곁에 두고 싶은 눈송이 하나
하늘을 뒤덮은 폭설의 베일 사이로
눈빛 한 줄기 나에게 도착한다

눈길은 마음을 녹이고 관통하며 지나가는
가장 뜨겁고 빠른 길이었음을

허공뿌리

화초가 몇 그루 있는 아파트 베란다
오후가 되면서 그늘이 드리운다
수도꼭지 옆에는 향기도 없는 꽃을
간신히 피우고 있는 양란洋蘭
마르게 젖어드는 것이 그늘이라면
저 꽃에는 벌써 어스름이 깃들어 있다
물기가 마르고 잎도 누래지더니
언제부터인가 줄기에서 뿌리를 내고 있었다
땅 속에 있어야 할 뿌리가 허공으로부터
물기를 빨아들이고 있는 것이다
악착같이 살아보겠다고 몇 달째 링거를 매달고
중환자실에 누워있는 큰언니가 그랬다
밖으로 길게 뻗어있는 뿌리에
똑, 똑, 떨어지고 있는 링거액
야윈 몸 어디에 저 많은 뿌리를 품고 있었을까
누렇게 뜬 낯빛으로
아직 시집 못 보낸 딸이 걱정이라며

그늘로 젖어들고 있는 그녀
떨구지 못한 꽃이
생을 붙잡고 있는 힘이었나 보다
그녀, 온몸이 뿌리가 되고 있다

손톱새

손톱을 쪼아 먹고 사는 새가 있다
세상에서 가장 작은 새
날개를 접고 서랍 속에 가만히
둥지를 틀고 있다가

사람들 사이에서 낡아가는 소문처럼
어둠 속에 방치된 상처가
무심한 세월을 손가락 끝에
가지로 밀어 올리고
퇴화된 나뭇잎들이 무성해질 때

그 새가 날아온다

아직 남아있는 야생의 본능인지
딱, 딱, 소리내며 울기도 한다
내가 내민 모서리가 가시로 자랄 때
세상에 부딪히고 흔들리면서

처음에는 고통이었을까
단절되는 인연처럼 자를수록 무뎌지는
마음의 굳은 살

손톱 위에 날개를 들어올리고
새 한 마리 날카로움을 길들이고 있다

소리가 익어간다

멀리서 오는 것들은 소리를 품고 있다

떠났던 계절이 돌아오는
플랫홈에 기차가 도착할 때도
소리가 먼저 달려온다
바람이 동사가 되는 시간
허공을 떠돌던 구름은 빗소리가 되어 스민다

새들은 입안 가득
음절들을 물고 와 숲속에 펼쳐놓는다
나무들은 그 소리를 들으려 몸을 기울인다
가을산이 소리로 자욱하다

기울인다는 것은, 기울여준다는 것은
소리가 스며들 틈 하나 마련해 두는 것

소리가 소통이 되는 힘으로

새들은 날개를 편다
호명되기를 포기한 이름들이
누군가를 간절히 부를 때

화답이라도 하듯
가을은 나무마다 붉은 열매 하나씩 내민다

겹

오랫동안 침묵하던 양파를 꺼내어 칼로 깐다
아린 냄새가 눈 속으로 파고든다

얼마나 깊은 심연 속에 묻어 두었던 마음인가
기다림이 만든 겹 사이마다
양파는 독한 냄새를 새겨 넣는다

이렇게 여러 겹을 갖고 있으면서
양파는 왜 꽃이 될 수 없을까

꽃으로 피어난다는 것은
중심을 조금씩 풀어놓는 일

가닿지 못한 마음들이 모여
서로 몸 부벼 만들어낸 것을
꽃이라 한다면
꽃은 한 장씩 풀어놓는 침묵의 겹이다

그리움은 삭제되지 않는다

 하루는 왜 항상 저녁이 지배하는가 며칠 전 거실로 들여놓은 화초에서 흰 꽃망울들이 고개를 내밀고 있다 소식 없던 사람이 문득 보내온 새해인사처럼 이 겨울에 꽃을 피운다는 것은 얼마나 매력적인 대립인가 꽃이 아니었다면 저 화초는 그저 거실 한쪽을 채우고 있는 녹색 덩어리에 불과했을 것이다

 삭제되지 않은 어떤 그리움이 이렇게 꽃으로 피어났을까 나무가 저장했던 오래된 비명에 마음을 베인다 상처가 많을수록 쓸쓸함에 더 잘 길들여지는 밤 내재율로 흐르는 문장들이 모여 눈부신 결핍을 피워내고 있다 너는 지금 어디쯤에서 눈처럼 하얗게 걷고 있는 것일까

어두워지는 나무

벚꽃이 흐드러지게 피어날 때
나무의 몸은 짙고 어두워진다
그 꽃을 가장 화사하게 빛내기 위해

아기를 출산하고 젖을 먹일 때
어미의 젖꼭지가 먼저 검어지듯

깊은 어둠이 있기에 별이 빛난다
어두워진다는 것은
그늘을 끌어당겨 제 몸에 새기는 일이다
내가 나에게로 가장 가까이 가는 것이다

봄이 간절한 음색으로 호명될 때
한번도 앉거나 눕지 못한 나무마다
환한 그늘을 입에 물고
칭얼대는 아가들이 만발이다

빗방울은 먼 곳을 품고 있다

 너는 비가 오는 풍경에서 비롯된다 저녁의 부드러운 속살로 텅 빈 마음의 여백마다 빗방울이 머문다 비가 오는 날에는 귀로 더듬는 세상이 종이 위에 잘 그려지지 않는다 마음의 오지에서 소멸해 버린 기약들, 어쩌면 사랑은 모서리 위에 불시착한 詩다 드문 일이지만, 대책없이 주저앉아 바라보는 것만으로 배경이 될 수 있다면 기다림은 풍경으로 마무리된다 저물녘, 사물이 구체성을 잃어갈 때 빗방울은 어둠으로 완성된다

봄의 완성

 향기를 반으로 접으면 나비가 된다 바람은 오래된 권력처럼 나태해지고 나무마다 온통 초록 연기를 뿜어낼 때 우리는 귀가 큰 구름을 쓰고 우기 속으로 저물어간 꽃 속에 당도한다

 쉽게 부서지는 입술을 가진 당신, 아직 꽃으로 피지 못한 것들이 한 줄의 비밀로 환원될 때 단단한 혀로 만져지는 침묵, 나비는 정오 근처를 날고 봄은 수평으로 확대된다

 햇빛을 녹여 꽃으로 돌아가는 시간, 나비만으로는 봄을 다 말할 수 없기에 시드는 꽃을 바라보는 일은 늘 위태롭다 그것은 얼룩을 더듬어 일구어낸 몇 개의 발자국을 잃어버리는 일이다

 나비의 문장은 설익은 고백이어서 향기라는 욕망을 갖고서야 봄을 견디는 법을 배웠다 계절의 힘을 빌리지 않

고도 한 묶음의 봄으로 압축되면 당신을 향한 좌표 하나
지니게 될까 나비가 꽃 속에서 접고 있던 날개를 펼 때,
비로소 절반의 봄이 완성된다

만삭

 수평의 무게를 견디지 못하고 금방이라도 쏟아질 기세다 적중할 과녁은 없다 저 속에는 부풀어 오르는 언어와 뿌리까지 닿아있는 어둠이 장전되어 있다 두근거리는 물방울, 어디로든 쏘아져야 한다 미처 빠져나오지 못한 겨울과 낮게 스며드는 봄 사이에서

 꽃은 땅이 쏘아올린 화살이다 그 관통된 지점에서 꽃들은 일제히 꽃망울을 터뜨린다 시위를 떠난 화살이 닿는 곳마다 꽃들이 자지러진다 가지마다 몸 밖으로 밀어낸 붉은 울음, 땅 속 깊이 묻어둔 단단한 사연들까지 꽃에 이끌려나온다 끝과 시작 사이, 이제 어디에서 맑은 눈빛을 끌어다 이 끈의 매듭을 지어야 할까

해설

결핍과 부재의 사막을 걸어가는 낙타

박남희(시인, 문학평론가)

1. 결핍과 부재의 산물인 식물적 상상력

요즘 시적 주체로서의 정용화 시인은 한 그루의 나무가 되어 부재의 계절을 지나고 있다. 그의 계절은 가을 언저리에 있는 듯하면서도 그 어디에도 없다. 시인의 계절이 부재하는 것은 시인 자신의 내면화된 부재의식과 무관하지 않다. 그리고 시인의 부재는 또 그가 사랑하는 '당신'의 부재와 연관된다. 넓게 보면 정용화의 시에 나타난 부재의 세목들은 커다란 인드라망 안에 있다. 정용화 시의 주제가 부재에 수렴되는 것은 그 근원이 결핍이라는 토양에 뿌리를 내리고 있기 때문이다. '결핍'과 '부재'는 양면거울처럼 서로 통섭하면서 시인의 시와 삶 속에 길항하고 있다. 여기서 길항하고 있다는 의미는 어느 쪽으로도 고착되지 않고 회복과 소멸을 동시에 지향하고 있다는 의미가 포함된다. 그가 그의 삶을 '불협화음'으로 인식하고 있는 것이나 '인썸니아(불면증)'나 '딜레마 존'을 이야기하게 되는 것도 결핍과 부재에 대한 회복의지의 또 다른 표현이다. 그의 시에 나타나 있는 계절이 주로 가을이고 시간적 배경이 저녁이나 오후에 귀착되는 것도 이 때문이다.

정용화의 시를 읽어보면 나무 이미지가 무수히 등장한다.「춤추는 식물」,「식물성 오후」,「번짐꽃」,「작은 밤나무의 달」,「겨울로 걷는 나무」,「허공뿌리」,「어두워지는 나무」,「가로수는 나이테를 만들지 않는다」등, 시의 제목만 대충 훑어보아도 정용화 시의 근간을 이루는 것이 식물 이미지임을 알 수 있다. 정용화 시의 식물 이미지는 결핍과 부재의 산물이다. 인간은 누구나 한창 피어나는 청춘일 때는 스스로의 내면에서 동물적인 욕망을 느끼게 되지만 나이를 먹고 세상을 살다보면 차츰 식물처럼 순한 생각을 하게 된다.

걷지 않는 발은 뿌리가 된다

버스를 타려고 언덕을 내려갈 때면
지팡이 하나에 의지한 채
힘겹게 서 있는 노인을 만날 수 있다
꽃도 다 시들어버린 목련나무 옆에서
수직으로 내리는 햇살을 온몸으로 받고 있다

오래 걸어왔던 걸음이 제 그림자에 갇혀 있다

분주함도 사라지고 야성적 본능이
식물성으로 순해지는 시간
미련이 없으면 저항도 없다

조금씩 땅 속으로 스며들고 있는 그 노인
물끄러미 행인들을 바라보고 있다
저 무심함이 품고 있는 견고한 내력들

나 한때 저 목련나무의 꽃으로 핀 적이 있다

나무가 되어가는 노인과
죽어야 비로소 걷는 나무가
한 몸이 되어있는

―「식물성 오후」 전문

이 시는 동물적 상상력과 식물적 상상력이 서로 통섭하여 한편의 시로 융합되는 과정을 보여주고 있다. 이 시의 첫 구절 "걷지 않는 발은 뿌리가 된다"는 사유는 동물과 식물의 경계를 허물어 하나의 주체로 통합하는 시적 당위성을 확보해준다. 이 시는 시적 화자가 버스를 타러 가다가 본 노인을 그 옆에 서 있는 '목련나무'로 유추해냄으로써 노인과 목련나무가 다른 객체가 아님을 암시한다. 노인과 목련나무가 다른 점은 노인은 동물이고 걸을 수 있다는 것과 목련나무는 그렇지 않다는 점 정도이다. 하지만 노인도 머지않아 죽음을 통해 목련나무가 될 것이고, 목련나무는 윤회의 삶을 통해 인간이 될 수 있다는 점에서 '한 몸'으로의 유추가 가능하다. 시인은 "나 한때 저 목련나무의 꽃으로 핀 적이 있다"고 말함으로써 객관적인 대상인 '노인'과 '목련나무'가 단순한 타자가 아니라 자아와 깊은 관계에 있음을 암시해준다. 이러한 진술에는 시인 자신도 이미 '식물성 오후'를 향하여 나아가고 있는 존재라는 인식이 전제되어 있다. "분주함도 사라지고 야성적 본능이/ 식물성으로 순해지는 시간/ 미련이 없으면 저항도 없다"는 진술은 인생의 후반기를 살아가는 인간이면 누구나 공감을 할 수 있는 대목이다.

연신내 문병 간 병실에서 노시인을 만났다
그가 꺼내놓는 모든 소리의 끝이 젖어있다
식물인간으로 누워있는 아내는
화려하지도 않고 향기도 없는 무초를 닮아 있었다
어쩌다가 아내는 그림자를 몸속으로 끌어들여
식물의 시간을 견디고 있는 것일까
한곳에 뿌리내린 식물처럼
침대를 떠나본 적 없는 그녀의 입속에는
미처 세상으로 나오지 못한 말들이 갇혀있을 것이다
자신의 이야기가 멈춰버린 눈동자 속에는
야생을 밀어내고 순해진 세월만 담겨있다
먼 곳을 응시하는 눈빛이 천진해서 오히려 눈부시다
노시인은 하루도 빠짐없이 음악을 들려주고
사랑의 시를 지어 귀에 심은지 팔 년만에
오늘 처음으로 손가락이 움직이고
아주 잠깐이지만 눈을 맞추었다고
그의 눈에도 오래된 슬픔이 반짝 빛났다
소리를 들려주면 이파리가 춤을 춘다는 무초처럼
식물이 온 힘으로 밀어올린 그 작은 움직임이
어떤 간절함 속에서는 춤으로 피어난다
어둠을 적시며 비가 내린다
이름을 잃어버린 그림자 속에서

야생이 우는 계절이면 춤추는 이파리 사이로
환한 무초꽃이 피어날 것이다
— 「춤추는 식물」 전문

이 시 역시 「식물성 오후」와 마찬가지로 인간을 식물인 '무초'에 비유하고 있다. 병이 들어 식물인간으로 누워있는 노시인의 아내는 몸을 움직일 수도 없고 침대조차 떠날 수 없다는 점에서 이미 '식물의 시간'을 살고 있는 존재이다. 그런데 그녀의 입 속에는 "미처 세상으로 나오지 못한 말들이 갇혀" 있다. 이러한 시인의 진술은 단순히 노시인의 아내가 실어증 상태에 있음을 말하는 것이 아니다. 단적으로 말하면 시인은 이 시를 통해서 아내가 '소리 결핍 상태'에 있음을 상기시키고 있다. 노 시인이 아내에게 하루도 빠짐없이 음악을 들려주고 시를 지어서 들려준 결과 시인의 아내는 처음으로 손가락을 움직이고 눈을 맞추게 되는 놀라운 변화를 경험하게 된다. 이러한 변화의 조짐은 애초부터 시인이 아내를 "소리를 들려주면 이파리가 춤을 춘다는 무초"에 비유한 것에서도 드러난다.

인간에게 있어서 소리는 생명의 근원이다. 아기가 세상에 태어날 때 우렁차게 울음을 우는 것도 생명과 소리의 상관관계를 잘 말해준다. 나무도 바람이 불면 소리를 낸다. 소리를 갖고 있던 존재가 소리를 잃어버리는 것은 '이름'

을 잃어버리는 것과 같다. 이름을 잃어버리는 것은 이미 고유한 존재성을 상실한 것이 된다. 시인이 식물인간이 되어 있는 아내를 춤추는 식물에 비유한 것은 아이러니이지만, 춤이야말로 생명의 가장 활성화된 발현태라는 점에서 오히려 역설적인 감동을 느끼게 된다.

2. 발화되지 못한 말과 결핍의 시학

앞에서 이미 살펴본 「춤추는 식물」에서 가장 주목을 요하는 대목은 "세상으로 나오지 못한 말들"이라는 구절이다. 정용화의 시에는 이와 유사한 부정적 진술이 무수히 나온다. "언어화되지 않은 것"(「불협화음」), "탈출하지 못한 소리"(「소리 수용소」), "귀를 열어두어도 도착하지 못하는 소리들"(「유리창 속의 겨울」), "내 몸이 잃어버린 문장"(「간절기」), "제대로 푸르러 보지 못했던 고백"(「나선형의 저녁」), "끝내 시가 되지 못한 시어들"(「이상한 새」) 등의 구절만 보더라도 하나같이 '소리'나 '말'과 연관되어 있다. 정용화의 시가 이처럼 부정어법을 자주 사용하고 있는 것은 시인의 내면에 이미 "세상으로 나오지 못한 말들"로 인한 결핍상태가 존재하기 때문이다. 이런 관점에서 보면 시인이 시를 쓰는 것도 "세상으로 나오지 못한 말들"을 세상으로 이끌어내려는 노력과 다른 것이 아니다.

정용화 시에 등장하는 결핍의식의 뿌리를 더듬어보면 시인의 사랑과 문학에 대한 열정을 만날 수 있다. 정용화의 시에 소리나 말에 대한 진술이 많이 있고 메타시의 성향을 보여주는 시들이 자주 등장하는 것은 시인의 문학에 대한 몰입과 무관하지 않다. 시인의 직관은 우리들이 매일 경험하는 일상이나 자연조차도 한편의 문장으로 읽어내기에 이른다.

저녁은 어디서 오는가, 바뀐 주소를 들고 서성이던 골목, 비에 젖은 오후가 목련나무 밑까지 떠밀려왔다 담장들은 행간마다 붉은 말들을 받아 적고 난간을 아슬아슬하게 읽고 있는 고양이, 헬멧도 쓰지 않은 한 사내가 오토바이를 타고 모퉁이를 급하게 빠져 나간다 툭! 아름다움을 감탄할 틈을 주지 않는 목련, 그 사이로 망설임이 하루를 시들게 한다 은유도 상징도 되지 못한 문장이 저녁으로 오고 봄의 문체로 내리는 빗소리에 마음부터 젖는 꽃들은 누가 위로해주나 골목마다 검은 글씨들이 당도한다 다 읽기도 전에 꽃들은 빠르게 시들고 의미만이 잠시 빛난다 어둠이 남아 풍경을 지우느라 분주하다
―「꽃들의 저녁은 누가 위로해주나」 전문

정용화의 시에는 오후나 저녁이라는 시간이 지배적으로 나타나 있다. 이것은 시인이 소멸에 대해서 의식할 나이가 되었다는 것과 무관하지 않다. 시인의 삶을 관통하고 있는 시간은 오후이지만 머지않아 어둠을 이끌고 저녁이 도래할 것을 시인은 알고 있다. 위의 시에서 화자는 바뀐 주소를 들고 서성이고 있는데, 이는 단순하게 집을 찾는 장면이라기보다는 시적 화자의 삶의 주소가 이미 바뀌었다는 것을 의미한다. 화자는 대상을 일상이나 자연 그대로 바라보지 않고 한 편의 문장으로 인식하고 있다. 이것은 시인이 그의 삶을 시 쓰기와 연관시켜서 메타적으로 바라보고 있으며, 이러한 시인의 관점은 다양한 삶의 국면을 시적으로 바라보려는 시인의 문학적 열정에 기인한다. "담장들은 행간마다 붉은 말들을 받아 적고", "은유도 상징도 되지 못한 문장이 저녁으로 오고 봄의 문체로 내리는 빗소리에 마음부터 젖는 꽃들", "골목마다 검은 글씨들이 당도한다 다 읽기도 전에 꽃들은 빠르게 시들고 의미만이 잠시 빛난다" 등의 구절만 보아도 시인의 메타 언어적 사유가 그의 일상을 지배하고 있음을 알 수 있다. 시인에 의하면 인생은 "몇 마디로 요약될 수 없는" "길게 써내려간 편지"(「가로수는 나이테를 만들지 않는다」)이고, 시인의 몸은 다양한 소리가 갇혀있는 '소리 수용소'(「소리 수용소」)이다. 앞에서도 지적했지만 정용화의 시에 '소리'나 '문장'이나 '말'이 자주 등장하는 것은 우연이 아니다.

멀리서 오는 것들은 소리를 품고 있다

떠났던 계절이 돌아오는
플랫홈에 기차가 도착할 때도
소리가 먼저 달려온다
바람이 동사가 되는 시간
허공을 떠돌던 구름은 빗소리가 되어 스민다

새들은 입 안 가득
음절들을 물고 와 숲속에 펼쳐놓는다
나무들은 그 소리를 들으려 몸을 기울인다
가을산이 소리로 자욱하다

기울인다는 것은, 기울여준다는 것은
소리가 스며들 틈 하나 마련해 두는 것

소리가 소통이 되는 힘으로
새들은 날개를 편다
호명되기를 포기한 이름들이
누군가를 간절히 부를 때

화답이라도 하듯
가을은 나무마다 붉은 열매 하나씩 내민다
   ―「소리가 익어간다」 전문

  소리는 과학적인 관점에서 보면 역동적인 파동으로 설명되지만, 시적인 차원에서는 가을 숲처럼 아름다운 풍경도 될 수 있고 가을나무에 매달려 있는 붉은 열매도 될 수 있다. 인용 시에서 시인은 '소리'를 익어가는 열매로 바라보고 있다. 여기서 익어가는 열매가 성숙해져가는 인생의 은유라는 것을 감안하면 인생에 있어서 소리는 생명의 본질인 셈이다. 시인에 의하면 이 지상에는 기차소리나 바람소리, 빗소리, 새소리 같은 다양한 소리들로 편만해있다. 이 시에서 이러한 소리를 들으면서 몸을 기울이는 나무는 인간의 은유이다. 그러므로 몸을 "기울인다는 것은, 기울여준다는 것은/ 소리가 스며들 틈 하나 마련해 두는 것"이고, 이것이야말로 나무와 나무, 인간과 인간 사이의 관심과 사랑이다. 이 시는 소리가 소통이 되고 다시 사랑이 되는 통로임을 선명하게 보여준다. 시인이 '소리가 익어간다'고 한 것은 단순히 자연현상으로 익어간다는 말이 아니라 "호명되기를 포기한 이름들이/ 누군가를 간절히 부를 때/ 화답이라도 하듯" 사랑으로 익어간다는 뜻이다. 시인이 그의 또 다른 시「연접의 방식으로」에서 "누군가의 이름이 간절해질 때 꽃들이 피어난다"고 한 것이나, "들리지 않는 소리 하나 내게로 전달되고서야/ 기다림은 어느 목숨에나 서식한다는 것을 알았다"는 진술 역시, 인간과 자연이 사랑을 표현해내는 방식의 유사성을 잘 보여준다.

　　아침이 달려드는 것이라면
　　저녁은 천천히 스며드는 것이다

　　하루가 다 지난 공원에
　　의자가 둥글어 질 때까지
　　오래도록 웅크리고 앉아 있었다
　　눅눅해진 소리들이 내게로 흘러들어온다

　　길 위에 낙엽들이 뒹군다
　　몸이 놓쳐버린 마음일까
　　제대로 푸르러 보지도 못했던 고백들
　　황홀하게 침식하는 방식으로
　　슬픔도 오래되면 권태를 닮아간다

　　다독일수록 어긋나는 것들이 있다
　　어둠 속에서 딱딱하게 굳어가는 더듬이로
　　우리는 무엇을 해석해낼 수 있을까

쉽게 건널 수 있는 마지막은 없다
나선형의 길 끝에 심장 하나 묻어두고
기억만 남아 있는 저녁이
어둠 속으로 천천히 번져가고 있다
　　　　　　　　　　―「나선형의 저녁」 전문

　시인에 의하면 "아침이 달려드는" 시간이라면 저녁은 "천천히 스며드는" 시간이다. 여기서 시인이 말하는 시간은 물리적인 하루의 시간이 아니라 인생이라는 긴 시간의 제유라는 점에서 새로운 의미를 지닌다. '달려드는' 행위가 동물적인 젊은 열정과 연관되어 있다면 '스며드는' 상태는 식물적이고 자연적인 성찰에 닿아 있다. 이처럼 시인의 직관은 어느덧 감성적인 성찰의 눈으로 세상을 바라보고 있는 것이다. 시적 화자가 "하루가 다 지난 공원에/ 의자가 둥글어 질 때까지/ 오래도록 웅크리고 앉아 있"는 행위는 단순히 무료한 시간을 보내고 있는 것이 아니다. 화자가 아무리 오래 앉아 있어도 의자가 둥글어질 수는 없다. 이것은 시인이 저녁이라는 시간을 나선형으로 인식하고 있는 것과 무관하지 않다.
　둥근 것, 즉 나선형은 자연의 도형이다. 우주에 떠 있는 무수한 별들이 둥글고 자연의 수많은 사물들과 인간의 몸도 곡선으로 되어있고, 인간의 최초의 집인 자궁도 둥근 모양을 하고 있는 것은 우연한 것이 아니다. 나무 의자의 모양도 처음에는 원통의 나무였으므로 의자가 둥글어질 때까지 오래 앉아있는 화자의 행동은 시인의 원형적 자연에 대한 회복의지와 무관하지 않다. 인간도 처음에는 자연과 더불어 자연의 일부가 되어 살아왔지만 문명이 발달하면서 자연과 멀어지게 되었다. 그러므로 시인은 "어둠 속에서 딱딱하게 굳어가는 더듬이"를 의식하면서 자신의 삶을 반성해 보게 되는 것이다. 이 시에서 시인이 단순히 저녁이라는 시간에 매몰되지 않고 "나선형의 길 끝에 심장 하나 묻어두고" 있는 것은 의미심장하다. 이것은 저녁이 숨겨놓은 붉은 해와 같이 어두운 밤을 지나서 새로운 생명의 시간을 밝혀줄 것이기 때문이다.

3. 결핍의 현주소, 혹은 거울과 잠의 은유 공간

현실은 눈을 뜬 세계 속에 존재하지만 우리에게 모든 것을 보여주지도 가져다주지도 않는다. 인간은 현실 세계 속에서 수많은 것을 보면서 욕망을 키우지만 그 욕망은 대부분 충족되지 않고 결핍을 낳는다. 그리스 신화에서 미소년인 나르시스가 물속에 비친 자신의 모습을 보고 사랑에 빠져 익사하게 되는 것도, 욕망과 결핍의 상관관계를 잘 보여준다. 나르시스가 자신을 비추어 본 물은 일종의 거울로서, 욕망의 원형적 이미지와 본질을 드러내주는 매개체이다. 나르시스 신화에서 우리가 깨닫게 되는 것은 인간은 어쩌면 에로스와 타나토스 사이에 놓인 거울을 보면서 살아가는 존재일지도 모른다는 점이다. 일반적으로 인간이 바라보는 맑고 깨끗한 거울이 삶의 세계를 비추어준다면, 금이 가거나 깨진 거울은 죽음 쪽을 보고 있다.

정용화 시의 거울 이미지는 여러 곳에 등장하지는 않지만 그 빈도에 비해서 중요한 상징성을 지닌다. 그것은 거울 이미지가 시인의 마음과 밀접한 연관성을 가지고 있기 때문이다. 정용화 시인의 2006년 대전일보 신춘문예 당선작이 「금이 간 거울」이고, 2012년 수주문학상 수상작이 「거울 속 거미줄」인 것만 보아도 정용화 시인과 거울의 인연을 무시할 수가 없다. 시의 제목들에서 보듯이 정용화 시의 거울은 금이 가거나 깨진 것들이 대부분이다. 이상의 거울이 자아분열의 거울이고 윤동주의 거울이 자아성찰의 거울이라면 정용화의 거울은 금이 간 마음의 거울이라고 말할 수 있다.

덕천마을 재개발 지역을 지나다 보았다
반쯤 해체된 빈집 시멘트벽에 걸린

깨진 거울 속으로 하늘이 세들어 있었다
무너지려는 집을 얼마나 힘껏 모아쥐고 있었으면
거울 가득 저렇게 무수한 실금으로 짜여진
거미줄을 만들어 놓았을까
구름은 가던 길을 잃고 잠시 걸려들고
새들은 허공을 물고 날아든다
거미줄에 무심히 걸려있는 지붕 위
주인도 없이 해가 슬어놓은 고요를
나른한 오후가 갉아먹는다
간절함은 때로 균열을 만든다
한때 두 손 가득 무너지는 인연 하나
잔뜩 움켜쥐고 있었던 적이 있다
그럴 때마다 가느다란 손금이 조금씩 깊어졌다
심경心鏡, 마음을 들여다볼 때 마주치는 거울 속으로
손금이 흘러들어 무수한 실금을 남겼다
무너짐이야말로 더 큰 열림이기에
거울 속 거미줄은 어떤 것도 붙잡아 두지 않는다
균열은 어떤 부재를 품고 갈라진 틈 속마다
허기진 풍경을 흘려 넣는 것인가
나를 흘리고 온 날
서까래 같은 갈비뼈 사이로 종일 바람이 들이쳤다
그러고 보면 깨진 거울은 무너지는 것을

움켜쥐고 있던 집의 마음이었음을
                              —「거울 속 거미줄」 전문

 상처를 치료하기 위해서는 상처 난 부위를 발견하고 상처의 상태를 확인해야 한다. 그런데 몸의 상처는 그 상태가 쉽게 파악되지만 마음의 상처는 눈에 보이는 것이 아니라는 점에서 쉽게 발견되지 않는다. 그럼에도 시인은 보이지 않는 마음의 상처를 선명하게 보여주는 재주를 가지고 있다. 하지만 시인은 상처를 치료하는 의사는 아니다. 시인은 상처를 치료하려 들지 않고 공감하게 하여 새로운 깨달음의 통로를 제시해준다. 인용 시에서 시인은 재개발 지역의 반쯤 해체된 집의 시멘트벽에 걸려있는 깨진 거울에 주목한다. 시인이 깨진 거울을 통해서 느낀 것은 자신의 마음과 동일시되는 동류의식이다. 시인이 이 시의 앞부분에서 "무너지려는 집을 얼마나 힘껏 모아쥐고 있었으면/ 거울 가득 저렇게 무수한 실금으로 짜여진/ 거미줄을 만들어 놓았을까"라고 깨진 거울에 공감을 표시한 후, 후반부에 와서 "한때 두 손 가득 무너지는 인연 하나/ 잔뜩 움켜쥐고 있었던 적이 있다"고 하여 자신의 이야기를 이끌어내고 있는 것에서 시인의 의도를 읽을 수 있다. "간절함은 때로 균열을 만든다"라든가 "거울 속 거미줄은 어떤 것도 붙잡아두지 않는다"는 깨달음은 시인의 체험에서 우러난 것일 것이다.

시인은 자신의 삶의 체험을 통해서 상처를 순순히 자연스러운 삶의 결핍으로 받아들이게 된 것이다. 하지만 시인은 결핍을 체념으로 아주 주저앉혀놓지는 않는다. 시인은 깨진 거울 속에 세들어 있는 하늘을 보면서 "무너짐이야말로 더 큰 열림"이라는 희망을 포기하지 않는다. 이러한 사유는 시인이 이미 「금이 간 거울」에서 언급한 "금이 간다는 것은/ 또 다른 세상으로의 통로"라는 진술과 맞물려 있다. 정용화 시의 상처의 주된 요인인 사랑, 즉 에로스는 타나토스와 연결되어 커다란 인드라망을 형성함으로써, 그의 시에 자주 등장하는 '저녁'이나 '밤', '가을'이나 '겨울'이 단순히 소멸에 이르는 시간이 아니라 새로운 열림의 세계로 나아가는 통로임을 우리에게 보여준다.

앞에서 살펴본 바와 같이 시인은 결핍의 현주소를 찾아내는 작업을 창작의 주요한 모티브로 삼고 있다. 시인이 '거울'과 함께 주목하고 있는 것은 잠이나 꿈의 세계이다.

밤에만 날아다니는 새가 있다
내가 잠을 이루지 못하는 것은
바로 그 새 때문이다
저벅 저벅 걷다가 때론 울다가
훌쩍 날아다니기도 한다 비밀을 하나씩
들킬 때마다 새의 날개는 점점 견고해진다

기억나지 않는 기억 사이를
이미 지나간 내일과 아직 오지 않은
어제 사이를 날아다닌다
끝내 시가 되지 못한 시어들만 물어다 놓고
숫자도 없는 시계 속에서 붉은 부리로
밤새 소리도 없이 시간을 쪼아댄다
관념들이 생각에 생각을 물고
그 새의 꼬리가 길어져 간다
밤새,
열리지 않는 눈꺼풀을 기웃거리다가
아침이면 깃털 하나 남기지 않고
새는 보이지 않는다 다만
내 머리카락 속에 새집만 덩그러니 지어져 있다
저 엉성한 둥지 하나 만들려고
밤새도록 잠 속을 헤집고 다녔나 보다

―「이상한 새」 전문

  욕망의 어긋남은 상처를 낳고 상처는 불면을 낳기도 한다. 위의 시에서 '이상한 새'는 '밤에만 날아다니는 새'이고 "열리지 않는 눈꺼풀을 기웃거리다가" "밤새 소리도 없이 시간을 쪼아"대는 새라는 점에서, '불면의 새'이거나 '몽상의 새' 혹은 '꿈의 새'이거나 '무의식의 새'일 것이다. 그런데 이 새는 묘하게도 시인의 시와도 닮아있다. 이 새를 시로 보면 그 시는 엄밀하게 말해서 "시가 되지 못하는 시어들만 물어놓고 가는" 포에지 정도로 볼 수 있다. 여기서 포에지는 완성된 시가 아니라 시 이전의 시, 황지우식으로 말하면 '시적인 것'이다. 밤새 잠을 잘 수 없게 잠 속을 날아다니다가 아침에 눈을 뜨면 머리카락 속에 새집만 덩그러니 남겨놓고 떠난 새는 어쩌면 시인의 '실존의 새'인지도 모른다. 시인은 '불면증'을 소재로 한 다른 시에서 "나는 나를 필요로 한다"(「인썸니아」)고 선언하고 있다. 이 시에서 시인이 자아를 잃어버린 것은 사랑을 "모두 주었는데 돌아오지 않는 마음들" 때문이다. 시인은 사랑하는 사람과의 소통을 꿈꾸지만 그 마음을 들어줄 귀는 보이지 않는다. 그렇기 때문에 "발화되지 못한 언어들이 가벼워진 잠을 수면 위로 띄워놓"아 불면증을 앓게 되는 것이다.

시인에 의하면 "그리움은 삭제되지 않는다"(「그리움은 삭제되지 않는다」). 그리움은 겨울에도 꽃망울을 터뜨리게 한다. 이어서 시인은 "가 닿을 수 없는 마음들이 모여 눈부신 결핍을 피워내고 있다"고 말하고 있다. 결핍이 꽃을 피우게 한다는 식의 역설은 정용화 시의 곳곳에서 볼 수 있다. 하지만 결핍으로 피어난 꽃은 온전한 꽃이 아니다. 그렇기 때문에 시인이 알고 싶은 것은 오히려 "꽃이 피어도 오지 않는 봄의 비밀"(「사소한 기별」)이다. 아마도 시인은 그 비밀을 찾아서 오늘도 시를 쓰고 있을 것이다.

당신 꽃도 피지 않는 곳에서 잘 지내는지, 그늘에서 자란 새들이 메마른 시간 저쪽 소식을 전할 때 상징화에 실패한 언어처럼 힘껏 흔들리고 나서야 당신이 바람이었음을, 모래바람 속을 속눈썹 길게 내리깔고 코 닫고 귀 막으며 저 멀리서 건너온 낙타였음을 안다 유목민들은 낙타에게 사람의 이름을 지어준다는데, 언어화되지 않은 것의 힘으로 소리는 리듬이 된다 시들지 않는 햇빛 속에 남아있는 당신 이야기를 찾아내려 무턱대고 걷다 보면, 어미 따라 물 마시러 다니던 길 평생 기억하는 낙타 한 마리 만날 수 있을까, 어긋남이 음악이 될 때 기다림이란 즐거운 불협화음이다 도돌이표가 있어 끝나지 않는 노래다 낙타를 이해하려면 사막에 대한 동경이 있어야 한다 사막 한가운데서 샘물을 찾아내면 가장 먼저 낙타에게 물 한 잔 귀하게 대접하고 싶다

한 잔 만으로도 심장으로 스며들어
가슴 저미게 하는 물 한 잔을 낙타인 당신에게
―「불협화음」 전문

시인의 처음 생각은 아름다운 화음 같은 삶이었는지 모

르지만, 이제 시인은 안다. 삶은 불협화음의 연속이고, 이 세상은 물 한 모금 찾기 힘든 모래바람 몰아치는 사막이라는 것을. 화자는 위의 시에서 '당신'의 안부를 묻고 있다. 여기서 당신은 표면적으로는 사랑하는 사람의 은유인 낙타를 뜻하지만 그 이면에는 메타 시 의식이 숨어있다. 따라서 "상징화에 실패한 언어"라든가 "언어화되지 않은 것의 힘"은 장차 낙타인 당신에게 주고 싶은 "한 잔 만으로도 심장으로 스며들어/ 가슴 저미게 하는 물 한 잔"을 위한 잠재된 포에지 정도로 보면 될 것이다. 요즘처럼 척박한 세상에서 태어난 시들은 어쩌면 "모래바람 속을 속눈썹 길게 내리깔고 코 닫고 귀 막으며 저 멀리서 건너온 낙타"인지도 모른다. 화자는 "시들지 않는 햇빛 속에 남아있는 당신 이야기를 찾아내려" 사막을 걷고 있다. "낙타를 이해하려면 사막에 대한 동경이 있어야 한다"는 화자의 진술은 시인으로서의 삶이 사막을 걷는 일임을 전제하고 있다. 사막의 삶은 늘 우리들의 기대를 저버리기 때문에 '어긋난 삶'일 수밖에 없다. 이제 시인은 이러한 어긋남도 쉽게 받아들인다. 그것은 시인이 이미 "어긋남이 음악이 될 때 기다림이란 즐거운 불협화음"임을 잘 알고 있기 때문이다.

이상에서 살펴본 바와 같이 정용화의 시는 결핍과 부재의 산물이다. 이러한 시 의식은 시인의 내면에 단단히 뿌리내려 정용화 시의 깊이를 담보해준다. 요즘처럼 말놀이나 기교가 유행인 시단에서 시인의 개성에 깊이 뿌리내린 시 의식은 귀한 것이다. 시 속에 내재된 결핍과 부재는 단순한 소멸로 치닫지 않고 새로운 열린 세계를 지향한다. 정용화 시에 나타나 있는 식물적 상상력은 그의 시가 결핍과 부재의 한계를 극복하고 새로운 상상력의 세계로 나아가게 하는 원동력이 되고 있다. 그의 시는 식물적 상상력을 통해 한층 확장된 자연 친화력을 보여준다. 인간을 나무로 비유하는 솜씨가 자연스러우면서도 신선하게 느껴지는 것은 그의 시가 본질적으로 역설과 아이러니에 바탕을 두고 있기 때문이다. 언어화되지 않은 것에서 힘을 발견하고 어긋남에서 새로운 시를 창조해내는 시인의 혜안은 그가 앞으로 "한 잔 만으로 심장으로 스며들어 가슴 저미게 하는 물"처럼 놀라운 시를 우리에게 보여주리라는 기대를 갖게 한다.